Edouard Schuré

La confession philosophique

suivi de

Sur la doctrine ésoterique

LA CONFESSION PHILOSOPHIQUE

Introduction[1]

A MM. Robert Veyssié et Alphonse Roux.

Mes chers confrères et amis,

Vous me demandez de vous exposer ma philosophie et de formuler les Idées-Mères qui ont inspiré mon œuvre littéraire et poétique. Ce désir me touche profondément. Il prouve que vous attachez comme moi une importance capitale au problème philosophique pour

---

[1] Lorsque j'écrivis ces pages, il y a deux ans, à la requête de mes jeunes amis, le livre qu'ils projetaient n'était pas encore commencé. M. Robert Veyssié, le courageux rédacteur en chef de *la Renaissance contemporaine*, en avait eu l'idée première. Je suis heureux et fier de devoir cette initiative à l'auteur des *Tressaillements*, qui marquent une des plus nobles tentatives, un des pas les plus hardis dans la nouvelle poésie française. M. Robert Veyssié s'adjoignit M. Alphonse Roux, dont les articles de critique indépendante et large sur la littérature et l'art contemporains ont été fort remarqués. Chacun des deux écrivains s'adjugea, dans ce travail, la part conforme à son tempérament et à son originalité. M. Robert Veyssié choisit le poète ; M. Roux prit le penseur. Ce qui me toucha le plus dans l'élan de ces libres esprits et ce qui m'engagea à leur ouvrir toute ma pensée, ce fut la spontanéité de leur acte et la concordance de leurs sympathies. Je viens de constater le beau résultat de leur généreux effort en lisant les épreuves du présent volume, et ne puis m'empêcher de leur exprimer ici ma vive et profonde reconnaissance. Certes, je me rends compte qu'avec le bel enthousiasme de la jeunesse ils n'ont pas voulu voir les lacunes et les imperfections de mes œuvres, pour en faire ressortir les idées maîtresses et la quintessence poétique. S'ils m'ont jugé trop favorablement, du moins ont-ils montré en pleine clarté le but que j'ai poursuivi. En les lisant, j'ai mieux compris la continuité de mes aspirations et l'unité en quelque sorte involontaire de mon œuvre. Ils ont établi ainsi un lien nouveau entre moi et cette élite de la jeunesse, qui s'efforce de constituer aujourd'hui, sur des bases solides, une conscience nationale à la France. En me donnant cette joie rare, ils m'ont confirmé dans cette haute espérance que, malgré la diversité des tempéraments et des doctrines, nous travaillons tous à un même idéal. Je les en remercie du fond du cœur. (Septembre 1913.)

la rénovation que vous attendez de l'avenir, non seulement dans le domaine de l'art et de la poésie, mais encore dans tous les autres. Cette noble préoccupation ne m'étonne pas chez les deux principaux initiateurs de la *Renaissance contemporaine*, dirigée et organisée par un poète, penseur vaillant et lucide, sous l'inspiration généreuse de M. Paul Vérola, qui est un esprit éminent et un grand cœur. Vous croyez à l'avenir de la littérature, de la poésie et de la nation française par l'union désintéressée d'une élite dans un haut idéal et par le développement du sens humain universel. Par tout mon passé, comme par tout mon présent, je suis des vôtres.

Faut-il l'avouer cependant? Votre question me cause un grand trouble et me jette dans un singulier embarras. D'abord, elle est de celles qui touchent au tréfonds de la conscience et embrassent l'univers. Y répondre en peu de mots serait donc aussi frivole que hasardeux. De plus, elle se complique pour moi d'une difficulté particulière.

Je ne suis pas en effet philosophe de profession, mais plutôt un poète altéré de la beauté éternelle, que les contradictions et la stérilité de la philosophie régnante ont ramené à la source de la sagesse primordiale. La révolte contre les laideurs du monde contemporain et contre le poids mortel dont le matérialisme écrase les intelligences, me força de bonne heure à réfléchir sur les derniers problèmes, et m'a conduit au seuil des grands mystères. J'ai refusé de me courber devant les maîtres du jour, qui, avec leurs promesses pompeuses, semaient autour d'eux le doute, le découragement et la mort. Au risque de m'isoler complètement, j'ai repoussé de toute mon énergie et combattu sans crainte la mentalité, la littérature et les mœurs dont ils nous ont dotés. Pendant mes plus belles années, je n'ai vécu que de mes plus belles inspirations profondes et de ma vie intérieure, persuadé que les sages et les poètes d'antan, qui affirmaient la réalité suprême de l'Ame et du Divin, avaient raison contre les sceptiques et les négateurs d'aujourd'hui. J'en fus récompensé, car l'expérience de ma vie entière me donna la certitude de cet au-delà, de cet univers invisible et transcendant, que repousse la science d'aujourd'hui et sans lequel l'univers visible serait inconcevable.

Mon initiation première aux vérités vitales ne fut ni un enseignement abstrait, ni un laborieux échafaudage de la raison spéculative. Ce fut *une expérience de la vie intérieure, suivie d'une large synthèse intellectuelle.* J'y fus aidé par un certain nombre de personnalités puissantes, qui se trouvèrent providentiellement sur ma route, à l'heure opportune, pour me faire avancer d'étape en étape. Outre le trésor d'expérience qu'elles m'apportaient, elles m'apprirent une chose capitale et inappréciable, je veux dire à me servir de mon intuition. Leur exemple me confirma dans mon sentiment intime. Il vint corroborer cette grande et consolante découverte, à savoir que l'*Intuition,* la *Voyance* et l'*Inspiration sont les routes uniques pour atteindre les vérités centrales.* Ce n'est sans doute qu'avec l'aide du raisonnement et de l'observation que nous pouvons coordonner ces Idées-Mères et ces Images symboliques de la Vérité transcendante et les appliquer au monde visible, mais leur essence et leur substance viennent de ce monde divin, qui laisse en nous ses empreintes et développe dans nos âmes les facultés nécessaires pour le percevoir.

C'est donc de nous-mêmes, des dernières profondeurs de notre être que jaillit la source de la sagesse primordiale. Les vérités sublimes qu'elle nous révèle sont le gage irréfragable de l'Eternel et du Divin. —Ces vérités se prouvent d'abord par l'illumination intérieure qu'elles nous donnent, par une sorte de félicité inconnue, pareille à la délivrance d'un captif, qu'elles répandent dans notre âme. Elles se confirment ensuite par leur application merveilleuse à tous les règnes de la nature comme à l'histoire de l'humanité, à tous les domaines de la vie et de l'art. Grâce à la loi des analogies universelles et différenciées, on y trouve la clef de toutes choses ; car ces analogies forment les cadres de la création comme les Idées-Mères sont les signatures de Dieu en nous.

Lorsque cette révélation se fit en moi, une immense lumière en irradia sur tous les domaines. Les religions et les philosophies, la poésie et les arts, l'histoire et les sciences, tout s'éclairait d'un jour nouveau, tout se coordonnait dans un enchaînement logique. Comme les rayons d'un phare électrique, partis d'un seul point lumineux, éclairent au loin la terre et la mer, le sens de l'*évolution divine* ressortait du chaos apparent des phénomènes et du fond ténébreux de la nature.

De même coup je compris que cette sagesse primordiale, entrevue par moi dans ses grandes lignes, avait été de tout temps le privilège des grands initiés et de leurs disciples, des vrais sages comme des grands artistes, mais que la mission de chaque époque était d'en élargir le cercle. La lumière, qui vient de l'Éternel, varie d'intensité et de couleur. Elle a des fulgurations extraordinaires et de longs obscurcissements. Elle s'endort et se réveille, elle s'éteint et se rallume, mais son expression dans la nature et son expansion dans l'humanité constituent le centre et le fond de l'évolution de l'histoire.

Après cet aveu, vous comprendrez que pour exposer, sous une forme vivante et tant soit peu persuasive, ce que vous appelez par euphémisme « ma philosophie », je devrais recourir à une sorte d'autobiographie. Cela dépasserait de beaucoup le temps dont je dispose et les convenances d'un aperçu sommaire. Vous trouverez d'ailleurs l'essentiel de cette confession dans ma biographie de Marguerite Albana. (Voir mes *Femmes inspiratrices.*) Richard Wagner m'avait révélé le verbe divin de l'Art par l'application du verbe universel de la musique au drame. Une âme, en qui toutes les divinations rayonnaient du foyer de l'Amour conscient, me révéla le verbe divin dans la vie même. En esquissant le portrait de cette femme, qui exerça la plus grande influence sur mon développement psychique et intellectuel, j'en suis venu à raconter la genèse de mes *Grands Initiés*, livre qui marque dans ma pensée l'orientation définitive. D'autre part, j'ai exposé les grandes lignes de la Théosophie, telle que je la conçois, dans le chapitre consacré à Pythagore et dans l'introduction de ce même livre. Enfin, dans un ouvrage auquel je travaille en ce moment, je tente de reprendre l'idée des *Grands Initiés* sur un plan plus vaste. Il porte ce titre : *l'Évolution divine.* Tome I : Du Sphinx au Christ. Tome II : Du Christ à Lucifer[2].

Dans ce livre, ma conception des *Grands Initiés* paraîtra considérablement étendue, tant en largeur qu'en profondeur et en hauteur. Je

---

[2] Les deux premiers chapitres de ce livre ont pour titre : 1° L'évolution planétaire et l'origine de l'homme ; 2° L'Atlantide et les Atlantes. Le troisième, intitulé *Le mystère de l'Inde*, a paru dans la *Revue de Deux-Mondes* du 15 janvier et du 1er février 1911. Le tome 1er de *l'Évolution divine* : « Du Sphinx au Christ », a paru en 1912.

ne sais vraiment pas si j'aurai la force de mener à son terme ce redoutable projet, qui s'impose à moi comme un dernier effort, je dirais presque comme un dernier sacrifice, car j'avais rêvé de parler tout autrement à l'âme des hommes. Mais que j'échoue ou que je réussisse, prétendre résumer mon œuvre au moment même de son élaboration, me paraîtrait plus que téméraire. Ce serait en compromettre l'achèvement. Le sculpteur en train de fouiller le bloc de marbre, dont il espère faire jaillir sa vision, n'aime pas à montrer sa maquette de terre glaise en s'écriant: «Voilà ma statue!» Il préfère dire en touchant son front: «Elle est là...» mais je ne sais pas si jamais elle entrera dans la pierre.

Donnons plutôt un coup d'œil à la philosophie contemporaine et voyons comment elle répond aux besoins supérieurs de notre époque. De là, nous passerons à un aperçu de la sagesse ésotérique.

I — La philosophie contemporaine

Il y aurait un livre essentiel à faire à propos de l'influence néfaste que la philosophie à base matérialiste ou agnostique de nos maîtres contemporains a exercé sur la littérature, sur la poésie, sur l'art et même sur la politique. On y verrait que le scepticisme idéaliste de Renan, qui recouvre le pessimisme profond et le néant absolu de sa philosophie nous a conduits, d'une part, au dilettantisme futile, de l'autre, à une critique désenchantée et desséchante. On y verrait aussi que le déterminisme positif positiviste de Taine, qui ne voit dans le monde et dans l'histoire que les faits matériels et non les idées créatrices, a enfermé l'esprit de plusieurs générations dans une chambre obscure, où elles ont cessé de voir la nature vivante et la lumière du ciel. On y prouverait que pour ce critique, mécanicien et chirurgien littéraire, le génie, ce libre fils de l'Esprit, ce messager de l'Éternel, n'est qu'un esclave estropié, passant sous les fourches caudines du *milieu* de la *race* et du *moment*. Dépouillé ainsi de son originalité transcendante et de son caractère divin le génie demeure complètement inexplicable. En vérité, on peut dire que si Renan a jeté sur l'âme contemporaine un merveilleux réseau de soie, brodé de ravissantes chimères, voile parfumé qui l'énerve en la charmant, Taine lui a mis une camisole de force.

Dans le livre que j'imagine, on verrait ensuite que, pour combattre les désolants effets moraux qu'ont produits involontairement ces puissants écrivains, un certain nombre d'esprits honnêtes et sérieux, disciples de Pascal et de Kant, ont imaginé ce que j'appellerai la *philosophie des cloisons étanches*. Cette philosophie met, dans un compartiment, la vérité morale et religieuse, prouvée par la conscience, dans l'autre, la science du monde extérieur, prouvée par le témoignage des sens et de la raison. Elle affirme qu'entre ces deux modes de connaissance il n'y a aucune communication possible, mais qu'il faut les cultiver bravement l'un et l'autre, leurs résultats fussent-ils contraires. Dans cette philosophie à deux chambres, où Dieu et le diable font le meilleur ménage du monde parce qu'ils sont soigneusement enfermés dans leurs cellules et défendus l'un contre l'autre par une cloison sans porte, il faut ranger les esprits de la valeur de Brunetière, d'Eugène Melchior de Vogüé, d'Auguste Sabatier, et de William James dont le succès récent fut considérable en Sorbonne. Une telle méthode a le mérite de la loyauté, mais on voit du premier coup d'œil ce qu'elle a de contradictoire et de paralysant pour la pensée comme pour l'action.

Après quoi il faudrait caractériser l'attitude des savants proprement dits, ces maîtres du jour, et de l'Église, la détentrice officielle, mais non pas intégrale de la tradition religieuse, devant les problèmes éternels qui s'imposent impérieusement et obstinément à la conscience humaine.

L'attitude des savants, qui règnent presque souverainement sur le public contemporain parce qu'ils le fascinent par leurs découvertes et le servent par leurs applications, est correcte et inattaquable dans la forme. Ils n'affirment ni ne nient l'âme ou Dieu, mais ils s'en désintéressent. Malheureusement, ils s'imaginent que leurs découvertes extraordinaires et leurs méthodes, jusqu'à ce jour si fructifères, suffiront à l pénétration de la vérité et au bonheur du monde. Je sais qu'il y a d'honorables, de grandes et d'illustres exceptions, mais, dans la majorité des cas, on s'aperçoit à leur sourire de dédain en quelle médiocre estime ils tiennent les vieilles croyances et les nouvelles méthodes de connaissance qui s'imposent par la psychologie expérimentale.

Quant à l'Église, elle repose sur un trésor de traditions, de rites et de symboles, qui, librement et largement interprétés dans un sens universel, pourraient conduire aux vérités dernières. Car ils remontent et tiennent à la Sagesse primordiale et finale. Mais l'Église primitive, qui fut vraiment catholique, c'est-à-dire universelle tant qu'elle conserva le principe de l'initiation, est devenue une Église exclusivement romaine. En se cramponnant à l'esprit de domination et d'immobilité, elle s'est transformée en césarisme spirituel. A la tradition des conciles, qui permettait une évolution du dogme, elle a substitué le dogme de l'infaillibilité papale, qui l'accule dans une impasse. Le pape, qui se charge de penser pour toute la chrétienté, dit à ses fidèles : «Vous ne pouvez pas connaître les vérités dernières, et si vous le pouviez, cela serait désastreux. Mais je possède et je détiens la vérité pour vous. Par sollicitude pour vos âmes, je vous défends de la chercher. Vous ne penserez que ce que je vous permets de penser. Croyez ce que je vous ordonne de croire — et obéissez. Hors de là, point de salut.» Remarquez que le chef de l'Église interdit ainsi le cours du sanctuaire, non seulement aux laïques, mais aux prêtres, aux évêques et aux archevêques, lesquels devraient être, à divers titres et à divers degrés, des initiés, et représenter la hiérarchie spirituelle de la connaissance.

Ce n'est pas ainsi cependant que parlait saint Thomas d'Aquin, «l'Ange de l'École», lorsqu'il s'écriait : «La foi est le courage de l'esprit qui s'élance en avant, sûr de trouver la vérité.» Cette pensée du dernier Père de l'Église doit épouvanter actuellement M. Paul Bourget puisque, au grand étonnement d'un certain nombre de ses amis, cet esprit rare et si distingué s'est rangé à la doctrine de l'agnosticisme clérical. Cette résolution extrême a dû lui coûter, et elle ne s'explique guère que par le grand effroi du disciple de Taine et de Renan devant les conséquences inattendues et funestes de leurs doctrines tant vantées et tant prônées par le jeune et heureux débutant. C'est la tranquillité conquise au pris d'une abdication.

Conclusion. La science, qui ne croit pas, et l'Église, qui croit, s'accordent pour nier la possibilité de connaître les vérités suprêmes. Ainsi leur double agnosticisme s'unit inconsciemment pour stériliser l'esprit contemporain et entretenir le découragement dans l'âme de la jeunesse. Mais la foi aveugle au dogme non compris n'est qu'une autre forme du matérialisme — et la science, qui néglige les domaines supérieurs de la nature et les hauts phénomènes psychiques, n'est ni la science complète, ni la vraie science, car elle tourne le dos à la sagesse. A la Science, comme à la Religion d'aujourd'hui, on peut reprocher non seulement de s'ignorer réciproquement, mais encore de manquer de confiance dans leur propre principe. On peut dire à cette Science : Vous n'allez pas jusqu'au bout de votre raison ! Et à cette Religion : Vous n'allez pas jusqu'au bout de votre foi !

Un éminent historien contemporain, un très sincère patriote, M. Ernest Lavisse, à qui j'exposais un jour la nécessité qui s'impose de créer dans la jeunesse un mouvement spiritualiste indépendant, par un nouvel ordre d'études et une libre synthèse de la science et de la religion, me répondit par un mot caractéristique : «Voyez-vous, me dit-il, on ne peut vivre que pour le ciel ou pour la terre.» La conclusion tacite était : «Vivons pour la terre et laissons le ciel aux rêveurs.» Eh bien, il m'est impossible de me ranger à cette manière de penser, pas plus qu'à celle de M. Bourget. Je crois même qu'elles caractérisent, l'une comme l'autre, le mal du doute qui nous ronge et cette désolante philosophie des cloisons étanches qui passe son temps à fabriquer des lits de Procuste pour les âmes comme pour les intelligences. Non, mille fois non, que l'on s'occupe de science ou de religion, de ce monde ou de l'autre, il ne s'agit pas de choisir entre les deux, mais il s'agit d'une question de vie ou de mort. Or, on ne vit pas bien sur la terre qu'en croyant à un ciel (je veux dire à un au-delà) et on ne se prépare bien au ciel qu'en croyant à la terre, c'est-à-dire en cherchant à y réaliser un idéal.

Les faits l'ont prouvé surabondamment. Il suffit pour cela d'observer les ravages du scepticisme, du matérialisme et de l'agnosticisme dans le monde contemporain. L'incrédule et paradoxal Nietzsche, qui a souvent des intuitions géniales, généralement contraires à sa doctrine, représente dans son Zarathoustra «l'homme qui a tué Dieu» comme «l'homme le plus hideux» accroupi dans un trou ignoble, au milieu des ténèbres. Malgré cela, il affirme que son action fut la plus héroïque et la plus bienfaisante de toutes les actions humaines. Étrange héroïsme et singulier bienfait. La mort de la foi dans l'Au-delà a tué la foi dans la vie présente en lui prenant sa noblesse. L'expulsion de la catégorie du Divin de la science et de la philosophie a tué le sens de l'Idéal et ravalé l'Art, de son rôle de révélateur, à n'être plus qu'une grossière imitation de la réalité ou une fantaisie chimérique. L'impressionnisme, qui sévit en peinture et même en musique, n'est qu'un prurit de sensations et une abdication de toute idée créatrice. Ce qu'on a appelé du nom pompeux de symbolisme n'a guère été qu'un jeu de hasard avec des analogies de sons, de parfums et de couleurs. La totale absence de sens philosophique, chez un Mallarmé et un Verlaine, se sent chez leurs disciples attardés. En politique, le matérialisme a produit l'adulation de la foule et le mépris de l'élite, la stupidité des niveleurs et la tyrannie des masses, la glorification de l'instinct et de la force brutale, l'absence de l'autorité intellectuelle et morale, la menace de l'anarchie complète et de l'effondrement social.

Devant le Collège de France, asile de la science supérieure et désintéressée, se dresse la statue en bronze d'un très noble savant, qui fut en même temps un grand penseur, celle de Claude Bernard. Pendant de longues années il chercha le secret de la vie et finit par l'appeler «un principe évolutif» ne pouvant l'appeler l'âme, car l'âme ne se voit pas, du moins avec les yeux du corps. Comme il fut un des maîtres de la vivisection, l'artiste l'a représenté tenant un scalpel dans sa main posée sur un lapin éventré. La belle tête pensive du philosophe aux longs cheveux s'incline tristement. Elle semble regretter le coup de bistouri donné à la pauvre petite bête, et dire : «Je l'ai tuée, mais je n'ai pas trouvé le secret de la vie.»

Cinq cents pas plus haut, au sommet de la montagne Sainte-Geneviève, devant les marches du Panthéon, tombeau de nos grands hommes et temple de nos gloires nationales, la troisième république a placé un autre bronze, *le Penseur* de Rodin. Nos gouvernants ont-ils deviné le symbole suggestif que représente cette statue placée à cet endroit ? J'en doute, mais il est frappant. Cette œuvre devrait s'appeler *l'Enfer de la Pensée*. Et de fait Rodin l'avait exécutée d'abord en petit pour une porte représentant l'Enfer de Dante. Cet homme qui médite, assis à l'angle d'un rocher, cet athlète aux muscles gonflés et formidables, aux membres tordus et convulsés, ce n'est assurément ni Platon, ni Marc-Aurèle, ni Descartes, ni Spinoza. C'est bien un damné de la cité de Malébolge et c'est aussi l'image de la pensée contemporaine. Lorsqu'on regarde le penseur tourmenté du génial Rodin après la statue mélancolique de Claude Bernard, on est tenté de dire : *Ceci a fait cela* : la science, qui cherche la vie dans la mort, a enfanté l'enfer de la pensée qui se dévore elle-même.

II. — LA SAGESSE ÉSOTÉRIQUE

Comment changer cette situation ? Par quoi remplacer cette science qui se confine dans l'observation du monde extérieur, cette religion qui s'ossifie dans un dogme abstrait, cette philosophie qui se heurte à leurs deux murs, qui désespère ou prend des cailloux pour les fruits dorés de l'arbre de la vie ?

Oh, ce qui les remplacera, ou plutôt ce qui revivifiera la science, la religion, la philosophie et l'humanité elle-même, ce n'est l'œuvre ni d'un homme, ni d'un jour, ni d'un siècle, ni d'une nation. Cela vient de loin et de profond, de dessous et de dessus, d'en bas et d'un haut, de partout comme l'eau des sources et la pluie qui tombe, et cela monte lentement, sûrement, comme parfois les fleuves et le niveau des mers. La sagesse primordiale a toujours existé, quoiqu'elle ait rarement gouverné officiellement. Cette sagesse éternelle, *perennis quædam philsophia*, n'est assurément consciente et puissante que dans les vrais sages, voyants, initiés, prophètes, génies créateurs de tout ordre. Mais elle existe aussi, infinitésimale, en nous tous, particulièrement dans les simples, sous forme d'aspiration confuse, de subconscience, de sentiment divinateur. Aujourd'hui le vaste flot arrive de toutes parts et roulera bientôt ses vagues jusqu'au pied du phare où luit la lumière ésotérique.

Cette sagesse pose en principe que la connaissance approfondie et transcendante du *monde intérieur* peut seule fournir *les clefs* pour la connaissance du *monde extérieur.*

Ses sources sont l'*Intuition*, la *Voyance* et la compréhension des *Idées-Mères* dans leur ensemble organique.

Sa méthode est l'application de ces idées à tous les domaines de la Science, de l'Art et de la Vie, sous le *contrôle sévère de l'observation et de la raison.*

Son instrument de travail, qui lui sert en même temps d'orientation et de pierre de touche dans cette œuvre complète et subtile, est la *loi des analogies universelles et différenciées*, qui permet de ramener les phénomènes les plus variés à leur unité primordiale.

Intuition, Expérience et *Synthèse* résument la méthode de toute science. Elles coopèrent plus intensément, plus étroitement encore dans la Sagesse ésotérique. C'est parce que les Idées dont je parle ne sont pas les idées abstraites, mais les forces organisatrices de la création, *les moules* dont se servent les Puissances spirituelles qui la gouvernent, sous l'action de l'Esprit vivant, du verbe éternel, du Dieu des Dieux ; c'est pour cela que ces Idées peuvent servir de *clefs universelles*.

Je craindrais de lasser votre patience par la simple énumération de ce que devra contenir un jour une véritable philosophie ésotérique, qui d'une part, se mettrait au point de la science moderne en s'adjoignant ses admirables découvertes, et qui, de l'autre, interpréterait par l'ésotérisme comparé les profonds, les merveilleux symboles des religions antiques et du christianisme.

J'aime mieux tenter de définir trois Idées-Mères de la Sagesse ésotérique et laisser entrevoir les perspectives nouvelles qu'elles entrouvrent à l'Art et à la Poésie.

III. — La trinité humaine et la trinité cosmique

Une des originalités et des supériorités de la tradition ésotérique sur tous les systèmes anciens et modernes (sauf ceux de Pythagore et de son vulgarisateur Platon, qui furent tous deux de véritables initiés) c'est l'unité organique qu'elle établit entre la constitution de l'homme et celle de l'univers, entre la psychologie et la cosmogonie. Dans les philosophies d'autrefois, on échafaudait une psychologie sur l'analyse des facultés humaines séparées artificiellement les unes des autres : sensibilité, intelligence, volonté. De même on essayait de construire l'univers avec des idées générales et abstraites. Cela n'empêche que beaucoup de ces philosophies ne soient toujours intéressantes et précieuses. Elles ont élucidé nombre de vérités partielles et les philosophes intuitifs ont souvent pénétré fort loin dans la vérité transcendante par leurs divinations. Mais le grand défaut de leurs spéculations est que les facultés humaines y demeurent à l'état de mécanismes morts, qu'elles ne communiquent pas entre elles — et surtout que ces philosophies ne parviennent pas à franchir le profond abîme qui sépare l'homme de l'univers, le moi du non-moi, le conscient de l'inconscient. La science actuelle s'efforce de faire tout sortir de la biologie, c'est-à-dire du concept de la vie. Ceci est le chemin de la vérité, à condition qu'à la biologie du corps on ajoute la biologie de l'âme et la biologie de l'esprit.

La doctrine ésotérique répond à ce postulat par sa conception trinitaire de l'homme et de l'univers, qui contient leur synthèse.

Regardons l'homme et l'univers, dans leur substance et leur essence, dans leur manifestation comme dans leur impulsion, et nous verrons que l'un et l'autre est triple.

L'homme est à la fois *corps* (ou matière) *âme* (ou force plastique) et *esprit* (ou raison consciente, intelligence, moi divin). Cet esprit est l'essence éternelle de son être. L'âme et le corps sont les instruments nécessaires pour son évolution dans le temps[3].

Pareil à l'homme, l'univers est un édifice à trois étages. Il se compose du *monde physique*, ou de la matière pondérable, du *monde des âmes* ou individualités sensibles et pensantes et du *monde divin* ou des forces cosmiques, puissances spirituelles, qui gouvernent le monde au moyen des Archétypes ou Idées éternelles.

L'homme terrestre, dans son état actuel, ne voit que le monde physique avec les yeux de son corps. Les deux autres mondes sont tout aussi réels, tout aussi objectifs pour le véritable voyant. Ils ne le sont pas moins, à la moindre réflexion, pour le simple bon sens. Car, sans eux, l'univers ne pourrait pas exister un seul instant, dans sa variété infinie et dans son unité merveilleuse. Son aspect prouve son unité, ses fonctions prouvent sa nature. On se rapproche de la vérité en comparant le monde à trois sphères concentriques, de densité inégale, qui se soutiennent de leur force et se pénètrent de leur rayonnement. La plus vaste des trois sphères, celle du monde spirituel, pénètre les deux autres de sa lumière. La plus étroite, celle du monde matériel, sert de centre et de noyau à l'ensemble. Celle du milieu, le monde animique, sert d'intermédiaire entre les deux. Elle tamise et transmet la lumière du monde des esprits au monde des corps et renvoie à la sphère divine les âmes évoluées par ceux-ci.

Après la Trinité humaine (esprit, âme et corps) répond à la Trinité cosmique (monde divin, monde humain et monde naturel) qui répond elle-même à la Trinité divine (conscience, vie et forme). Tels sont les instruments de l'usine de la création, les creusets de la fonte universelle. Par eux, l'univers a moulé l'homme à travers toute l'évolution planétaire, par eux le macrocosme a créé le microcosme à son image et l'a frappé comme une médaille de son estampille indélébile.

—Et c'est parce que l'homme est un résumé de l'univers, c'est parce qu'il le reproduit, non seulement dans sa conscience mais dans la

---

[3] Pour ne pas compliquer cette exposition sommaire, je ne parle pas ici des subdivisions que la science ésotérique observe dans le corps de l'homme, à savoir: le *corps physique* et le *corps éthérique* ou vital et le *corps austral* ou l'aura rayonnante, siège des passions.

constitution de son être total et jusque dans la structure de son corps physique, qu'il peut le pénétrer et le comprendre. On n'engendre et on ne comprend que son semblable ; c'est pourquoi l'univers a engendré l'homme, et c'est pourquoi l'homme explique l'univers.

Une psychologie détaillée et une cosmogonie complète pourraient seules démontrer la puissance de cette idée qui saisit et enveloppe les choses comme dans les mailles subtiles d'un filet infiniment élastique. Mais le simple énoncé de ce concept est révélateur et permet d'en deviner les conséquences incalculables. Tout d'abord c'en est fait une fois pour toutes de la philosophie des cloisons étanches et de la stérile idée kantienne sur l'abîme infranchissable qui sépare le moi et le non-moi, le monde de l'âme et le monde des choses tangibles. L'univers devient un verbe qui parle à l'homme dans une langue vivante, multiple et impressive. La lumière et le son, les formes et les couleurs, les règles superposées de la nature, tous les êtres, astres, minéraux, plantes, animaux, apparaissent les lettres d'un alphabet, dont l'homme est à la fois le dernier mot et l'interprète. L'agnosticisme matérialiste ou dogmatique avait parqué le corps et l'esprit en des compartiments étroits. L'ésotérisme les affranchit en les réconciliant. Il renverse la thèse absurde et déprimante du matérialisme qui enseigne depuis un demi-siècle que l'âme est le produit des forces du corps et l'esprit un assemblage éphémère de sensations[4]. Bien au contraire, la sagesse primordiale et finale enseigne que tout, dans l'univers comme en nous, vient de l'esprit. Elle dit à l'homme : « Regarde en toi ; sens-toi ; pense-toi, sois toi-même jusqu'au bout ; et tu trouveras dans ton être les trois mondes, l'univers, tous les Dieux et le Dieu suprême ! »

Ainsi l'âme du monde et l'âme humaine sont retrouvées du même coup, avec Dieu qui resplendit à travers.

*
* *

Qui ne voit les perspectives lumineuses qui s'ouvrent ici à la pensée

---

[4] Je n'invente rien et je n'exagère pas. Renan a dit : « L'âme est une résultante des forces du corps », et Taine : « La vertu et le vice sont des produits naturels comme le sucre et le vitriol ».

comme au rêve, à l'art comme à la poésie ? Jusqu'ici la littérature se mouvait presque exclusivement sur deux plans opposés : le plan physique et le plan intellectuel. D'un côté les instincts et les sensations ; de l'autre les idées morales. Entre les deux, des sentiments obscurs et des luttes aveugles. La connaissance de la triple nature de l'homme et des plans supérieurs de la conscience, qui se découvrent par le développement des facultés latentes de l'âme, une étude plus approfondie des phénomènes de la subconscience, de la voyance, de la divination et de l'extase ouvriront à l'imagination des régions inconnues dont l'art tirera son profit. Il est vrai que ces sujets réclament une connaissance approfondie, une expérience personnelle, et plus que d'autres un tact subtil avec le respect de l'âme comme d'une chose sacrée ; les arrivistes charlatans, qui les exploitent avec des instincts bas et pour des intérêts grossiers, tombent infailliblement dans le grotesque et dans la profanation.

Puisque vous m'avez interrogé sur le côté ésotérique de mes œuvres, je dirai incidemment que *La Prêtresse d'Isis* est, à sa manière, une étude de quelques uns des plans supérieurs de la conscience dont je viens de parler. Je donne cette tentative comme un simple essai dans un genre nouveau. Je dois ajouter que ce roman n'a pas été écrit dans une intention didactique. Il est né avant tout d'une profonde impression poétique, reçue il y a quelques années, pendant une promenade à Pompéi, à la porte d'Herculanum, devant le tombeau de la prêtresse Mammia, en face du Vésuve fumant. Des études personnelles, faites précédemment sur la clairvoyance avec un sujet non professionnel, m'aidèrent à la développer. Ce n'est qu'après avoir terminé ce récit, écrit avec le feu de l'imagination et sous le coup d'émotions intenses, que je me rendis compte des interprétations ésotériques qu'on en pourrait faire. —D'autre part, le roman intitulé *Le Double*, basé sur la communication d'un fait réel, fait intervenir dans une aventure d'amour contemporaine et parisienne le phénomène connu de la psychologie contemporaine sous le nom de *dédoublement de la conscience*, et dans la tradition occulte sous celui de *vision du double astral*. L'ami qui avait été obsédé par ce phénomène et qui me le raconta n'y avait rien compris. Son souvenir ne lui avait laissé qu'une impression de malaise et d'épouvante. Dans le roman que j'en fis, j'ai tenté de démêler sa signification psychique et de découvrir sa raison profonde.

IV. — LA DOCTRINE DE LA RÉINCARNATION

L'idée de l'immortalité de l'âme est commune à toutes les religions, sans en excepter celle des sauvages. L'idée de la pluralité des existences et de la loi de la réincarnation est restée jusqu'en ces derniers temps le privilège d'un petit nombre. Au cours de l'histoire, elle ne fut consacrée par la religion officielle qu'en Inde et en Égypte, nations gouvernées par un sacerdoce plus ou moins initié. On l'enseignait secrètement à Éleusis. Pythagore et Platon l'adoptèrent. L'école alexandrine et les gnostiques chrétiens en firent un de leurs thèmes favoris. L'Église chrétienne primitive la connaissait et l'admettait. L'Église officielle la condamna ou l'écarta à partir du IVe siècle. Aujourd'hui cette idée reparaît avec une énergie irrésistible et se propage sur tout le globe par un mouvement irrésistible et se propage sur tout le globe par le mouvement occultiste et théosophique.

D'où vient cette persistance de l'idée de la pluralité des existences et de la réincarnation? D'où sa vitalité étrange, ses renaissances périodiques et sa recrudescence à l'heure présente? La raison en saute aux yeux. Aux âmes à la fois religieuses et réfléchies elle est toujours apparue et apparaît plus que jamais comme la seule hypothèse rationnelle pour expliquer l'antériorité de l'âme et sa survie après la mort. D'autre part, elle s'accorde avec certaines hypothèses de la science actuelle, notamment avec celle de l'évolution des espèces, mise en branle par les théories partiellement vraies de Darwin, théories popularisées par ses innombrables disciples.

L'hypothèse de l'évolution des espèces animales a justement frappé la mentalité contemporaine comme un commencement d'explication sur l'origine de l'espèce humaine en général. Parallèlement, la doctrine de la pluralité des existences et de la réincarnation frappe l'élite pensante comme un prodigieux trait de lumière jeté sur l'origine de l'âme individuelle et sur sa fin divine.

Selon la sagesse ésotérique, fruit de milliers d'années d'expériences psychiques et d'observations faites par les maîtres, le genre humain s'est développé dès l'origine du système planétaire d'un germe émané des puissances spirituelles qui ont créé ce système. Il s'est développé d'un mouvement continu qui aboutit à l'homme actuel. L'homme n'est pas sorti des espèces animales ; celles-ci, au contraire, sont sorties d'un tronc primitif, du genre hominal, par rejets et par déchets successifs au cours de l'immense évolution. Toutes les espèces sont les rameaux d'un tronc vertical dont l'homme forme le sommet. Les espèces animales n'ont qu'une âme collective, mais l'homme, ayant reçu une âme individuelle, par le principe du *moi*, don des puissances divines à un certain moment de son évolution, l'âme humaine liée à ce principe a été soumise à la loi de la réincarnation, qui est devenue ainsi la force impulsive et la cheville ouvrière de son ascension.

Démontrer ces idées, ce serait construire une psychologie de l'homme avec ses sept modalités et raconter en même temps l'évolution du système planétaire, grâce à laquelle les facultés humaines se sont déployées comme les rayons d'un éventail et comme les feuilles d'un palmier.

J'ai touché au labyrinthe et aux perspectives de la réincarnation à propos des mystères de l'Égypte et de la Grèce, longuement décrits dans mes *Grands Initiés*, particulièrement au chapitre sur *Hermès* et sur *Pythagore*. Afin de résumer la valeur de cette idée pour l'esprit humain, sa signification pour le passé et pour l'avenir, qu'il me soit permis de citer le passage suivant d'un récent travail : «De même que l'univers est le produit d'une pensée divine qui l'organise et le vivifie sans cesse, de même le corps est le produit de l'âme qui le développe à travers l'évolution planétaire et s'en sert comme d'un instrument de travail et de progrès. Les espèces animales n'ont qu'une âme collective, mais l'homme a une âme individuelle, une conscience, un moi, une destinée personnelle, qui lui garantissent sa durée. Après la mort, l'âme délivrée de sa chrysalide éphémère, vit d'une autre vie plus vaste, dans la splendeur spirituelle. Elle retourne en quelque sorte à sa patrie et contemple le monde du côté de la lumière et des dieux, après y avoir travaillé du côté de l'ombre et des hommes. Mais il en est peu d'assez avancées pour demeurer définitivement dans cet état que toutes les religions appellent le ciel. Au bout d'un long espace de temps, proportionné à son effort terrestre, l'âme sent le besoin d'une nouvelle épreuve pour faire un pas de plus. De là une nouvelle incarnation dont les conditions sont déterminées par les qualités acquises dans une vie précédente. Telle est la loi du Karma ou de l'enchaînement causal des vies, conséquence et sanction de la liberté, logique et justice du bonheur et du malheur, raison de l'inégalité des conditions, organisation des destinées individuelles, rythme de l'âme qui veut revenir à sa source à travers l'infini. C'est la *conception organique de l'immortalité*, en harmonie avec les lois du Kosmos.» (Le mystère de l'Inde, *Revue des Deux-Mondes*, 1er février 1911.)

Quant aux nouveaux horizons que cette vérité profonde ouvre à l'imagination, la littérature en a déjà fourni de nombreux exemples. Cette idée n'est qu'effleurée dans mon roman *L'ange et la Sphinge*, inspiré par une légende de la Forêt Noire qui s'appelle *La Noce des Esprits*. Une fresque représentant un chevalier endormi dans une ruine et rêvant qu'il assiste à sa propre noce avec une châtelaine du temps jadis, m'avait préoccupé et hanté dès mon enfance. Beaucoup plus tard, elle s'illumina pour moi d'un jour saisissant par l'idée de la réincarnation et je me complus à l'interpréter dans un sens ésotérique.

Vous trouverez aussi des expressions diverses mais concordantes de cette conception dans mes poèmes lyriques. Voir par exemple *Les vies antérieures*, *Les yeux des nouveau-nés* et le cycle de *La Muse d'Eleusis* dans le volume intitulé *La Vie Mystique*. Voir plus particulièrement *La Trilogie du destin*, *Le tourment du ressouvenir*, *Druidesse moderne*, *Les trois Ames*, *Immortalité à deux*, *Extase astrale*, *La Danseuse sacrée* et *L'Eveilleur*, dans *L'Âme des Temps Nouveaux*.

Dans son délicieux drame de *Sakountala*, le poète indou Kalidasa a exprimé, d'une manière aussi simple qu'exquise, le sentiment vague mais profond que l'âme humaine a de ses existences passées :

Souvent un bel objet, un son plaintif ou tendre
Fait rêver

Et, troublé dans sa paix, le cœur cherche à comprendre
Sans trouver.

Mais nous avons aimé dans une autre existence
Et pleuré :
Le mystère charmant de la ressouvenance
Est sacré.

A titre de curiosité, j'ajouterai que j'ai eu quatre fois, à propos de
deux femmes et de deux hommes, l'impression immédiate de les
avoir déjà rencontrés dans une autre vie, tant fut violente et en quelque sorte magique l'attraction que ces êtres exercèrent sur moi au
premier contact. Leur apparition subite et singulière me fit l'effet
d'une surprise, mais d'une surprise attendue. Leur premier regard
me toucha comme une lumière à la fois étrange et familière, depuis
longtemps perdue et enfin retrouvée. Je concède que de telles impres-
sions n'ont qu'une valeur subjective et sont naturellement traitées de
pures fantaisies par ceux qui ne les ont pas éprouvées. Mais on peut
affirmer que lorsqu'elles ont ce caractère *d'intuitions foudroyantes*, ac-
compagnées d'une émotion profonde, elles présagent infailliblement
que les personnes dont nous recevons une telle secousse exerceront
une influence capitale sur notre vie. Ces sensations puissantes et d'un
effet transcendant viennent d'une religion supérieure à la vie quoti-
dienne et prouvent à elles seules une vie antérieure dont nous avons
mystérieusement conscience.

En réalité, ce que Kalidasa appelle « le mystère charmant de la
ressouvenance » laisse plonger le regard dans le gouffre infini de la
Psyché humaine. Et ce gouffre me fait songer involontairement aux
troubles et aux orages qui sont sans doute la condition indispensable
des œuvres poétiques, comme il y faut aussi la maîtrise de la volonté.
Si j'ai réussi à cristalliser quelques-uns de mes rêves les plus chers, ils
sont tous sortis d'un profond abîme et d'un bouillonnement continu
comme celui de la mer.

V. — L'inspiration dans l'histoire

Dans tout l'ancien cycle de l'humanité, j'entends celui qui précéda le christianisme, l'inspiration fréquente et pour ainsi dire continue était considérée comme l'un des éléments essentiels de la vie sociale. Tant en Asie qu'en Europe, selon la croyance universelle, l'inspiration était la forme principale de l'action des dieux ou de Dieu sur l'humanité. D'elle venait la fondation des sanctuaires, les cultes religieux, le pouvoir des rois et l'œuvre des héros, en un mot les impulsions premières de ce que nous nommons la civilisation. Les sages et les philosophes avaient des opinions diverses sur la nature et la valeur de cette inspiration, mais on n'en discutait ni l'existence, ni la source. Il y avait des incrédules, mais c'était l'exception, et nous parlons avec étonnement de ces âges,

Où trois cent mille dieux n'avaient pas un athée.

De plus, les prêtres se disputaient rarement de sanctuaire à sanctuaire et d'entendaient même entre peuples ennemis. Il ne nous est parvenu aucun écho de querelles théologiques, entre Babylone, Ninive, Suse, Thèbes, Tyr, Delphes, Éleusis, Samothrace, etc. On admettait facilement de nouvelles divinités du second ordre, et plus les prêtres étaient instruits, mieux ils savaient que les douze grands dieux, à peu près identiques sous des noms différents, chez toutes les nations, répondaient à des forces cosmiques, à une hiérarchie spirituelle, et qu'ils étaient tous dominés par le Dieu insondable et unique. — Qu'un tel était des esprits ait donné lieu à des superstitions ridicules et à des abus monstrueux, comme on en trouve dans toutes les religions, cela est incontestable. Il n'en est pas moins vrai que cette mentalité, si éloignée de la nôtre, établissait un rapport plus normal entre le peuple et l'élite, comme entre la religion et la philosophie, et qu'elle donnait à l'ensemble de ces antiques civilisations une harmonie grandiose qui ne s'est lus retrouvée.

Tout change avec l'apparition du christianisme. Le Christ et ses apôtres firent faire une telle volte-face à l'humanité, et si ardente fut la lutte de la religion nouvelle contre le paganisme dégénéré, qu'on prit l'habitude de concentrer toute la révélation et toute la religion sur le Christ, en taxant tout ce qui avait précédé de superposition grossière ou de suggestion diabolique. Tous les Pères de l'Église n'eurent pas la même étroitesse et l'initiation subsista dans quelques communautés chrétiennes des premiers siècles, mais à partir de saint Augustin la foi aveugle remplaça la gnose ou la connaissance par l'esprit. Dès lors, la soumission absolue à l'Église fut considérée comme l'unique moyen de salut. Aujourd'hui, les vieux dogmes étant battus en brèche par la science et par l'esprit moderne, on a cru pouvoir arrêter court l'évolution fatale en remplaçant l'autorité des conciles par celle de l'infaillibilité papale. Pour un catholique orthodoxe, il n'y a plus maintenant de révélation possible que par le pape. L'initiation et la révélation, destinées par Jésus-Christ à toutes les âmes, sont devenues la propriété exclusive du pontife, qui les refuse à tout le monde.

En face et contre cette orthodoxie farouche se dresse le concept plus large en apparence, mais non moins étroit au fond de la science et de la philosophie matérialistes, qui admettent dans l'histoire un progrès lent et continu, mais sont incapables d'en montrer la cause première et l'action persistante. Car, sans preuve, et par idée préconçue, elles ont éliminé de l'histoire tout fait d'inspiration et de révélation. Ce principe une fois admis les contraint, en dépit des palliatifs et des réticences à ramener tous les effets intellectuels, moraux et spirituels, à des causes physiques. Voilà pourquoi, malgré leurs efforts, elles ne savent expliquer et n'expliqueront jamais ces choses tombées du ciel et qui sont les leviers du genre humain : le sentiment religieux, la conscience morale et le génie.

Nous aboutissons ici à la même impasse que plus haut. Dans le domaine de l'histoire, comme dans celui de la cosmogonie et de la psychologie, l'agnosticisme scientifique ne cesse de bâtir et de surbâtir ses énormes citadelles, aux murs sans fenêtres et aux créneaux menaçants, devant l'homme qui demande à entrer dans le sanctuaire de la vérité.

L'ésotérisme, qui connaît les sources de la Sagesse éternelle, sources qui coulent toujours et partout pour ceux qui les cherchent d'un cœur pur et d'un courage intrépide, regarde l'histoire d'un tout autre œil. Depuis les temps les plus reculés jusqu'à nos jours, l'expérience historique le confirme dans sa conception ternaire du Kosmos. Tout ce qui arrive dans le monde visible, existe d'abord et se prépare dans l'invisible. Idées, âmes, courants fluidiques et spirituels, descendent du monde divin et passent par le monde animique et passionnel avant de se matérialiser et de s'incarner dans le monde physique. L'inspiration est continue, mais avec des degrés et sur des modes infinis. L'homme peut la mériter et la conquérir par son effort. Les grandes révélations sont périodiques et se suivent par intervalles, avec des obscurations temporaires. L'évolution entière est gouvernée par des lois générales et mise en œuvre, tant par la liberté humaine que par les êtres divins qui président à la vie terrestre et planétaire. Dans les *Grands Initiés*, j'ai essayé de montrer quels rayons de lumière, quelle vie multiple et profonde ce concept projette sur l'histoire en me plaçant au foyer inspirateur de quelques grands prophètes de l'humanité. Voici encore, pour compléter ces aperçus rapides, un extrait d'une conférence sur Jeanne d'Arc, qui accentue l'importance de l'idée de l'inspiration pour l'idée même du héros.

«L'Inspiration est la mère de l'Héroïsme et se condition sine qua non. Seulement, sous l'empire de dogmes étroits et d'une tradition mutilée, on se fait généralement de l'inspiration une idée bornée et puérile. Selon l'Église, l'inspiration est le monopole du christianisme et c'est elle seule qui en tient la clef. Dans ce concept, l'inspiration devient une intervention accidentelle de Dieu dans les affaires de ce monde, une suspension des lois de la nature et de l'histoire. Ce concept sépare la nature et l'humanité de Dieu et ne laisse l'homme communiquer avec Dieu qu'à travers l'Église. Les sages d'aucun temps n'ont accepté ce dogme qui rapetisse à la fois l'homme, la nature et la divinité. L'intuition le repousse et la raison le réprouve. Mais il est un concept plus large de l'inspiration comme d'une loi universelle. En y regardant de près, on y verra un phénomène commun à toutes les époques, à tous les peuples, à toutes les religions, souvent faussé par la superstition, intermittent en apparence, mais partout présent, un phénomène varié et nuancé, dosé et gradué selon les temps, les lieux et les individus. Nous sommes tous des inspirés, d'une certaine manière et, dans une certaine mesure, seulement nous n'en savons rien. Chez l'homme de génie, comme chez le héros, chez le voyant et le saint, l'inspiration est si forte qu'elle devient consciente. Grâce à son éclat éblouissant, nous apercevons le mince rayon de cette même lumière que nous portons tous en nous. Voilà pourquoi les foules saluent le héros comme un messager du Dieu inconnu et comme leur joie suprême. Quelle preuve meilleure du Dieu dans l'Homme, de l'Éternel dans l'Éphémère? Grâce au héros, l'Enthousiasme (le Dieu en nous) n'est pas un vain mot. Il flamboie comme un appel à l'effort suprême par la suprême vérité. Et si l'on me demandait: «—Comment distinguer le vrai héros du faux et le prophète du charlatan? —Je répondrais par la parole du Christ: «C'est par les fruits que vous les jugerez.» («Jeanne d'Arc et l'inspiration dans l'Histoire», *Revue Bleue* du 20 novembre 1909.)

Il va sans dire que le jour où ces idées triompheront dans l'élite pensante et se répandront par elle dans la masse, il en résultera un concept nouveau de l'art et plus spécialement du drame. Les puissances spirituelles, les Dieux qui étaient présents dans la tragédie grecque à l'âme des spectateurs; ces Dieux que le poète invoquait et faisait parler par la voix des chœurs et qu'à certains moments on voyait apparaître sous forme humaine rentreront dans le théâtre futur sous des formes nouvelles et planeront sur lui.

Le drame helléno-chrétien que j'ai intitulé: *Les enfants de Lucifer* est un essai de ce genre. Il se déroule au IVe siècle de notre ère, sous le règne de Constantin, au moment où le paganisme expirant lutte encore contre le christianisme vainqueur. Toutefois il ne s'agit pas de la restauration du culte païen comme dans le cas de l'empereur Julien l'Apostat, mais plutôt de la découverte d'un Dieu nouveau. L'amour foudroyant du héros luciférien Phosphore et de la vierge chrétienne

Cléonice, cet amour qui est une fusion d'âme et un amour dans l'action, leur lutte pour la délivrance de la cité de Dionysia et la mort tragique du couple maudit au temple du Dieu inconnu, constituent le centre de l'action et l'intérêt et l'intérêt essentiel. Mais, par les évocations magiques du second et du cinquième acte, on entrevoit, derrière le drame humain et passionnel, le drame formidable des puissances cosmiques qui le domine et qui s'y reflète.

*
* *

Je ne me flatte nullement d'avoir montré dans ce court exposé toute l'importance des vérités qui se rattachent à la tradition ésotérique. En vous désignant trois de ces lumineux mystères et en vous montrant la force des rayons qu'ils projettent en tous sens, j'espère du moins avoir prouvé deux choses : 1° d'abord l'insuffisance de la science matérialiste et de l'enseignement religieux sous sa forme actuelle pour vivifier et renouveler la mentalité contemporaine ; 2° la nécessité d'un retour à l'Intuition, à la Voyance et à l'Inspiration comme aux sources premières de la Connaissance de la sagesse et de la Vie[5].

A l'heure actuelle, un puissant courant ésotérique fait le tour du globe. Des années se passeront encore avant qu'il ait transformé la mentalité de l'élite pensante et orienté l'opinion publique vers un nouvel idéal, conditions indispensables d'une rénovation sociale. Mais, dans l'impuissance momentanée de la Science et de la Religion à gouverner et à inspirer les âmes, pourquoi l'Art ne prendrait-il pas les devants ? Pourquoi la poésie, dont le plus beau rôle fut toujours de deviner l'avenir à travers le passé et le présent, pourquoi la poésie ne se ferait-elle pas l'annonciatrice et la révélatrice des vérités profondes ? Le poète redeviendrait alors ce qu'il a été jadis par l'initiation

---

[5] Disons ici que les deux philosophes actuels les plus remarquables, M. Boutroux et M. Bergson, ont reconnu et proclamé cette antique vérité, que le matérialisme avait cru pouvoir mettre au rancart. Aussi, le remarquable ouvrage de M. Bergson sur l'*Évolution créatrice* est-il en train de provoquer une véritable révolution dans l'esprit de la jeunesse.

ou par son génie, le *vates*, le prophète. Mais cela n'est plus possible sans une sérieuse discipline philosophique jointe à un recueillement profond

et à l'intense concentration intérieure. Nos savants et nos philosophes sont trop enclins à croire que la conquête de la vérité est une pure affaire d'intelligence. Les poètes, de leur côté, auraient tort de croire que la poésie est une œuvre d'imagination et de fantaisie pure. Les hautes vérités ne peuvent se percevoir que par l'étreinte simultanée de l'intelligence, du sentiment et de la volonté. Il en est de même, à plus forte raison, pour le Beau, qui est la splendeur éclatante du Vrai. Ah ! Vous avez cru comprendre les grands symboles, dirais-je volontiers à toute l'école symboliste, qui aujourd'hui se meurt de fatigue et d'inanition. Vous avez organisé un jeu de cricket avec les lyres, les sceptres, les trépieds et les baguettes magiques qui ont servi aux maîtres du passé à évoquer les héros et les dieux ; mais il vous a manqué le verbe et la foi qui font de ces objets des instruments évocateurs. Savez-vous seulement ce qu'est un vrai symbole ? Vous êtes-vous douté de la symbolique universelle ? Avez-vous médité sur cette parole d'un des plus grands poètes modernes : «Tout ce qui passe n'est qu'un symbole ?» Savez-vous que les créations des plus grands hommes ne sont que les traductions d'une symbolique divine ? Oui, toute création procède par synthèse, et, si «comprendre est l'envers de créer» comme l'a dit admirablement Villiers de l'Isle- A d a m, il n'y faut pas moins d'énergie cristallisatrice. Nous sommes desséchés par un excès d'analyse, une sorte de machinisme universel nous étouffe, le scepticisme professé avec une fatuité tranquille nous tue. Dans tous les domaines, nous avons soif de synthèse, de foi et de vie ; la poésie s'est tour à tour stérilisée par l'abstraction, le sentimentalisme pur ou l'apologie de l'instinct et de la matière brute. Son idéal serait la sensation puissante, pénétrée par le sentiment et dominée par l'idée.

Le poète futur, s'il veut remplir sa mission, c'est-à-dire s'inspirer du Divin et le transmettre à la foule, devra donc joindre la connaissance à la foi et la haute discipline intellectuelle à l'enthousiasme. Les grands poètes du passé ont créé leurs plus belles œuvres à travers les grands mythes des religions, qui sont sortis de la vision astrale et furent de vivantes traductions de la Vérité transcendante. Pourquoi le poète futur, tout en s'inspirant de ce trésor inépuisable, ne remonterait-il pas lui-même à travers le monde astral jusqu'au monde divin, pour contempler directement les Archétypes et rapporter aux hommes sa vision des Dieux ?

Voir l'Éternel à travers l'Éphémère, c'est comprendre ; le refondre, c'est créer. Hors de là, point de grand art.

*
* *

J'ai passé ma vie à jeter autour de moi des idées et des œuvres, sans m'inquiéter de leur sort. J'ai semé sans attendre la moisson, me demandant qu'à respirer l'air du ciel, à voir le lever du soleil après le coucher des étoiles. J'ai toujours cru d'ailleurs que l'une ou l'autre de mes graines tomberait sur la bonne terre. Si cette très véridique et très humble confession pouvait servir à éclairer d'un jour plus vif des vérités aussi vieilles que le monde et indestructibles comme la pensée divine, je ne regretterai pas de l'avoir faite.

EDOUARD SCHURÉ
MAI 1911.

INTRODUCTION SUR
LA DOCTRINE ÉSOTÉRIQUE

Je suis persuadé qu'un jour viendra où le physiologiste,
le poète et le philosophe, parleront la même langue et s'entendront tous.

CLAUDE BERNARD

Le plus grand mal de notre temps est que la Science et la Religion y apparaissent comme deux forces ennemies et irréductibles. Mal intellectuel d'autant plus pernicieux qu'il vient de haut et s'infiltre sourdement, mais sûrement, dans tous les esprits, comme un poison subtil qu'on respire dans l'air. Or, tout mal de l'intelligence devient à la longue un mal de l'âme et par suite un mal social.

Tant que le christianisme ne fit qu'affirmer naïvement la foi chrétienne au milieu d'une Europe encore à demi-barbare, comme au moyen âge, il fut la plus grande des forces morales ; il a formé l'âme de l'homme moderne. – Tant que la science expérimentale, ouvertement reconstituée au seizième siècle, ne fit que revendiquer les droits légitimes de la raison et sa liberté illimitée elle fut la plus grande des forces intellectuelles ; elle a renouvelé la face du monde, affranchi l'homme de chaînes séculaires et fourni à l'esprit humain des bases indestructibles.

Mais depuis que l'Église, ne pouvant plus prouver son dogme primaire en face des objections de la science, s'y est enfermée comme dans une maison sans fenêtres, opposant la foi à la raison comme un commandement absolu et indiscutable ; depuis que la Science, enivrée de ses découvertes dans le monde physique, faisant abstraction du monde psychique et intellectuel, est devenue agnostique dans sa méthode, matérialiste dans ses principes comme dans sa fin ; depuis que la Philosophie, désorientée et impuissante entre les deux, a en quelque sorte abdiqué ses droits pour tomber dans un scepticisme transcendant, une scission profonde s'est faite dans l'âme de la société comme dans celle des individus. Ce conflit, d'abord nécessaire et utile, puisqu'il a établi les droits de la Raison et de la Science, a fini par devenir une cause d'impuissance et de dessèchement. La Religion répond aux besoins du cœur, de là sa magie éternelle ; la Science à ceux de l'esprit, de là sa force invincible. Mais depuis longtemps, ces puissances ne savent plus s'entendre. La Religion sans preuve et la Science sans espoir sont debout, l'une en face de l'autre, et se défient sans pouvoir se vaincre.

De là une contradiction profonde, une guerre cachée, non seulement entre l'État et l'Église, mais encore dans la Science elle-même, dans le sein de toutes les Églises et jusque dans la conscience de tous les individus pensants. Car, qui que nous soyons, à quelque école philosophique, esthétique et sociale que nous appartenons, nous portons en nous ces deux mondes ennemis, en apparence irréconciliables, qui naissent de deux besoins indestructibles de l'homme : le besoin scientifique et le besoin religieux. Cette situation, qui dure depuis plus de cent ans, n'a certainement pas peu contribué à développer les facultés humaines en les tendant les unes contre les autres. Elle a inspiré à la poésie et à la musique des accents d'un pathétique et d'un grandiose inouï. Mais, aujourd'hui, la tension prolongée et suraiguë a produit l'effet contraire. Comme l'abattement succède à la fièvre chez un malade, elle s'est changée en marasme, en dégoût, en impuissance. La Science ne s'occupe que du monde physique et matériel ; la philosophie morale a perdu la direction des intelligences ; la Religion gouverne encore dans une certaine mesure les masses, mais elle ne règne plus sur les sommets sociaux ; toujours grande par la charité, elle ne rayonne plus par la foi. Les guides intellectuels de notre temps sont des incrédules ou des sceptiques parfaitement sincères et loyaux. Mais ils doutent de leur art et se regardent en souriant comme les augures romains. En public, en privé, ils prédisent les catastrophes sociales sans trouver le remède, ou enveloppent leurs sombres oracles d'euphémismes prudents. Sous de tels auspices, la littérature et l'art ont perdu le sens du divin. Déshabituée des horizons éternels, une grande partie de la jeunesse a versé dans ce que ses maîtres nouveaux appellent le naturalisme, dégradant ainsi le beau nom de Nature. Car ce qu'ils décorent de ce vocable n'est que l'apologie des bas instincts, la fange du vice ou la peinture complaisante de nos platitudes sociales, en un mot, la négation systématique de l'âme et de l'intelligence. Et la pauvre Psyché ayant perdu ses ailes gémit et soupire étrangement au fond de ceux-là mêmes qui l'insultent et la nient.

A force de matérialisme, de positivisme et de scepticisme, cette fin de siècle en est arrivée à une fausse idée de la Vérité et du Progrès.

Nos savants, qui pratiquent la méthode expérimentale de Bacon pour l'étude de l'univers visible avec une précision merveilleuse et d'admirables résultats, se font de la Vérité une idée tout extérieure et matérielle. Ils pensent qu'on s'en rapproche à mesure qu'on accumule un plus grand nombre de faits. Dans leur domaine, ils ont raison. Ce qu'il y a de grave, c'est que nos philosophes et nos moralistes ont fini par penser de même. A ce compte, il est certain que les causes premières et les fins dernières resteront à jamais impénétrables à l'esprit humain. Car, supposez que nous sachions exactement ce qui se passe, matériellement parlant, dans toutes les planètes du système solaire, ce qui, soit dit en passant, serait une magnifique base d'induction ; supposez même que nous sachions quelle sorte d'habitants renferment les satellites de Sirius et de plusieurs étoiles de la voie lactée. Certes, il serait merveilleux de savoir tout cela, mais en saurions-nous davantage sur la totalité de notre amas stellaire, sans parler de la nébuleuse d'Andromède et de la nuée de Magellan ? – Cela fait que notre temps conçoit le développement de l'humanité comme la marche éternelle vers une vérité indéfinie, indéfinissable et à jamais inaccessible.

Voilà la conception de la philosophie positiviste d'Auguste Comte et de Herbert Spencer qui a prévalu nos jours.

Or, la Vérité était tout autre chose pour les sages et les théosophes de l'Orient et de la Grèce. Ils savaient sans doute qu'on ne peut l'embrasser et l'équilibrer sans une connaissance sommaire du monde physique, mais ils savaient aussi qu'elle réside avant tout en nous-mêmes, dans les principes intellectuels et dans la vie spirituelle de l'âme. Pour eux, l'âme était la seule, la divine réalité et la clef de l'univers. En ramassant leur volonté à son centre, en développant ses facultés latentes, ils atteignaient à ce foyer vivant qu'ils nommaient Dieu, dont la lumière fait comprendre les hommes et les êtres. Pour eux, ce que nous nommons le Progrès, à savoir l'histoire du monde et des hommes, n'était que l'évolution dans le temps et dans l'espace de cette cause centrale et de cette Fin dernière. – Et vous croyez peut-être que ces théosophes furent de purs contemplatifs, des rêveurs impuissants, des fakirs perchés sur leurs colonnes ? Erreur. Le monde n'a pas connu de plus grands hommes d'action, dans le sens le plus fécond, le plus incalculable du mot. Ils brillent comme des étoiles de première grandeur dans le ciel des âmes. Ils s'appellent : Krishna, Bouddha, Zoroastre, Hermès, Moïse, Pythagore, Jésus, et ce furent de puissants mouleurs d'esprits, de formidables éveilleurs d'âmes, de salutaires organisateurs de sociétés. Ne vivant que pour leur idée, toujours prêts à mourir, et sachant que la mort pour la Vérité est l'action efficace et suprême, ils ont créé les sciences et les religions, par suite les lettres et les arts dont le suc nous nourrit encore et nous fait vivre. Et que sont en train de produire le positivisme et le scepticisme de nos jours ? Une génération sèche, sans idéal, sans lumière et sans foi, ne croyant ni à l'âme ni à Dieu, ni à l'avenir de l'humanité, ni à cette vie ni à l'autre, sans énergie dans la volonté, doutant d'elle-même et de la liberté humaine.

« C'est par leurs fruits que vous les jugerez », a dit Jésus. Ce mot du Maître des maîtres s'applique aux doctrines comme aux hommes. Oui, cette pensée s'impose : Ou la vérité est à jamais inaccessible à l'homme, ou elle a été possédée dans une large mesure par les plus grands sages et les premiers initiateurs de la terre. Elle se trouve donc au fond de toutes les grandes religions et dans les livres sacrés de tous les peuples. Seulement, il faut savoir l'y trouver et l'en dégager.

Si l'on regarde l'histoire des religions avec des yeux dessillés par cette vérité centrale que l'initiation intérieure peut seule donner, on demeure à la fois surpris et émerveillé. Ce qu'on aperçoit alors ne ressemble guère à ce qu'enseigne l'Église qui borne la révélation au christianisme et ne l'admet que dans son sens primaire. Mais cela ressemble tout aussi peu à ce qu'enseigne la science purement naturaliste dans notre Université. Celle-ci se place cependant à un point de vue plus large. Elle met toutes les religions sur la même ligne et leur applique une méthode unique d'investigation. Son érudition est profonde, son zèle admirable, mais elle ne s'est pas encore élevée au point de vue de l'ésotérisme comparé, qui montre l'histoire des religions et de l'humanité sous un aspect entièrement nouveau.

De cette hauteur, voici ce qu'on aperçoit :

Toutes les grandes religions ont une histoire extérieure et une histoire intérieure ; l'une apparente, l'autre cachée. Par l'histoire extérieure, j'entends les dogmes et les mythes enseignés publiquement dans les temples et les écoles, reconnus dans le culte et les superstitions populaires. Par l'histoire intérieure, j'entends la science profonde, la doctrine secrète, l'action occulte des grands initiés, prophètes ou réformateurs qui ont créé, soutenu, propagé ces mêmes religions. La première, l'histoire officielle, celle qui se lit partout, se passe au grand jour ; elle n'en est pas moins obscure, embrouillée, contradictoire. La seconde, que j'appelle la tradition ésotérique ou la doctrine des Mystères, est très difficile à démêler. Car elle se passe dans le fond des temples, dans les confréries secrètes, et ses drames les plus saisissants se déroulent tout entiers dans l'âme de grands prophètes, qui n'ont confié à aucun parchemin ni à aucun disciple leurs crises suprêmes, leurs extases divines. Il faut la deviner. Mais une fois qu'on la voit, elle apparaît lumineuse, organique, toujours en harmonie avec elle-même. On pourrait aussi l'appeler l'histoire de la religion éternelle et universelle. En elle se montre le dessous des choses, l'endroit de la conscience humaine, dont l'histoire n'offre que l'envers laborieux. Là, nous saisissons le point générateur de la Religion et de la Philosophie qui se rejoignent à l'autre bout de l'ellipse par la science intégrale. Ce point correspond aux vérités transcendantes. Nous y trouvons la cause, l'origine et la fin du prodigieux travail des siècles. Cette histoire est la seule dont je me sois occupé dans ce livre.

Pour la race aryenne, le germe et le noyau s'en trouvent dans les Védas. Sa première cristallisation historique apparaît dans la doctrine trinitaire de Krishna qui donne au brahmanisme sa puissance, à la religion de l'Inde son cachet indélébile. Bouddha, qui selon la chronologie des brahmanes serait postérieur à Krishna de deux mille quatre cents ans, ne fait que mettre en dehors un autre côté de la doctrine occulte, celui de la métenpsycose et de la série des existences enchaînées par la loi du Karma. Quoique le bouddhisme fût une révolution démocratique, sociale et morale contre le brahmanisme aristocratique et sacerdotal, son fond métaphysique est le même, mais moins complet.

L'antiquité de la doctrine sacrée n'est pas moins frappante en Égypte, dont les traditions remontent jusqu'à une civilisation bien antérieure à l'apparition de la race aryenne sur la scène de l'histoire. Il était permis de supposer, jusqu'en ces derniers temps, que le monisme trinitaire exposé dans les livres grecs d'Hermès Trismégiste était une compilation de l'école d'Alexandrie sous la double influence du judéo-christianisme et du néoplatonisme. D'un commun accord, croyants ou incrédules, historiens et théologiens n'ont cessé de l'affirmer jusqu'à ce jour. Or, cette théorie tombe aujourd'hui devant les découvertes de l'épigraphie égyptienne. L'authenticité fondamentale des livres d'Hermès comme documents de l'antique sagesse de l'Égypte, ressort triomphante des hiéroglyphes expliqués. Non seulement les inscriptions des stèles de Thèbes et de Memphis confirment toute la chronologie de Manéthon, mais elles démontrent que les prêtres d'Ammon-Râ professaient la haute métaphysique qu'on enseignait sous d'autres formes sur les bords du Gange[1]. On peut dire ici avec le prophète hébreu que «la pierre parle et que le mur jette son cri». Car, pareil au «soleil de minuit» qui reluisait, dit-on, dans les Mystères d'Isis et d'Osiris, la pensée d'Hermès, l'antique doctrine du verbe solaire s'est rallumée dans les tombeaux des Rois et brille jusque sur les papyrus du Livre des Morts, gardés par des momies de quatre mille ans.

En Grèce, la pensée ésotérique est à la fois plus visible et plus enveloppée qu'ailleurs; plus visible, parce qu'elle se joue à travers une mythologie humaine et ravissante, parce qu'elle coule comme un sang ambrosin dans les veines de cette civilisation, et jaillit par tous les pores de ses Dieux comme un parfum et comme une rosée céleste. D'autre part, la pensée profonde et scientifique, qui présida

---

[1] Voir les beaux travaux de François Lenormant et de M. Maspéro.

à la conception de tous ces mythes, est souvent plus difficile à pénétrer à cause de leur séduction même et des embellissements qu'y ont ajoutés les poètes. Mais les principes sublimes de la théosophie dorienne et de la sagesse delphique sont inscrits en lettres d'or dans les fragments orphiques et dans la synthèse pythagoricienne, non moins que la vulgarisation dialectique et un peu fantaisiste de Platon. L'école d'Alexandrie enfin nous fournit des clefs utiles. Car elle fut la première à publier en partie et à commenter le sens des mystères, au milieu du relâchement de la religion grecque et en face du christianisme grandissant.

La tradition occulte d'Israël, qui procède à la fois de l'Égypte, de la Chaldée et de la Perse, nous a été conservée sous des formes bizarres et obscures, mais dans toute sa profondeur et son étendue par la Kabbale ou tradition orale, depuis le Zohar et le Sépher Jézirah attribué à Simon Ben Jochaï jusqu'aux commentaires de Maïmonidès. Mystérieusement renfermée dans la Genèse et dans la symbolique des prophètes, elle ressort d'une manière frappante de l'admirable travail de Fabre d'Olivet sur la langue hébraïque restituée, qui tend à reconstruire la véritable cosmogonie de Moïse, selon la méthode égyptienne, d'après le triple sens de chaque verset et presque de chaque mot des dix premiers chapitres de la Genèse.

Quant à l'ésotérisme chrétien, il rayonne de lui-même dans les Évangiles éclairés par les traditions esséniennes et gnostiques. Il jaillit comme d'une source vive de la parole du Christ, de ses paraboles, du fond même de cette âme incomparable et vraiment divine. En même temps l'Évangile de saint Jean nous donne les clefs de l'enseignement intime et supérieur de Jésus avec le sens et la portée de sa promesse. Nous retrouvons là cette doctrine de la Trinité et du Verbe divin déjà enseignée depuis des milliers d'années dans les temples de l'Égypte et de l'Inde, mais évertuée, personnifiée par le prince des initiés, par le plus grand des fils de Dieu.

L'application de la méthode que j'ai appelée l'ésotérisme comparé à l'histoire des religions nous conduit donc à un résultat d'une haute importance, qui se résume ainsi: l'antiquité, la continuité et l'unité essentielle de la doctrine ésotérique. Il faut reconnaître que c'est là un fait bien remarquable. Car il suppose que les sages et les prophètes des temps les plus divers sont arrivés à des conclusions identiques pour le fond, quoique différentes dans la forme, sur des vérités premières et dernières – et cela toujours par la même voie de l'initiation intérieure et de la méditation. Ajoutons que ces sages et ces prophètes furent les plus grands bienfaiteurs de l'humanité, les sauveurs dont la force rédemptrice arracha les hommes au gouffre de la nature inférieure et de la négation.

Ne faut-il point dire après cela qu'il y a, selon l'expression de Leibnitz, une sorte de philosophie éternelle, perennis quoedam philosophia, qui constitue le lien primordial de la science et de la religion et leur unité finale?

La théosophie antique professée en Inde, en Égypte et en Grèce constituait une encyclopédie véritable, divisée généralement en quatre catégories:

1. la Théogonie ou science des principes absolus, identique avec la science des Nombres appliquée à l'univers, ou les mathématiques sacrées;

2. la Cosmogonie, réalisation des principes éternels dans l'espace et le temps, ou involution de l'esprit dans la matière; périodes du monde;

3. la Psychologie, constitution de l'homme; évolution de l'âme à travers la chaîne des existences;

4. la Physique, science des règnes de la nature terrestre et de ses propriétés. – La méthode inductive et la méthode expérimentale se combinaient et se contrôlaient l'une par l'autre dans ces divers ordres de sciences, et à chacune d'elles correspondait un art.

C'étaient, en les prenant dans l'ordre inverse, et en commençant par les sciences physiques:

1. une Médecine spéciale fondée sur la connaissance des propriétés occultes des minéraux, des plantes et des animaux; l'Alchimie ou transmutation des métaux, désintégration et réintégration de la matière par l'agent universel, art pratiqué dans l'Égypte ancienne selon Olympiodore et nommé par lui chrysopée et argyropée, fabrication de l'or et de l'argent;

2. les Arts psychurgiques correspondant aux forces de l'âme : magie et divination ;

3. la Généthliaque céleste ou astrologie, ou l'art de découvrir le rapport entre les destinées des peuples ou des individus et les mouvements de l'univers marqués par les révolutions des astres ;

4. la Théurgie, l'art suprême du mage, aussi rare que périlleux et difficile, celui mettre l'âme en rapport conscient avec les divers ordres d'esprits et d'agir sur eux.

On le voit, sciences et arts, tout se tenait dans cette théosophie et découlait d'un même principe que j'appellerai en langage moderne le monisme intellectuel, le spiritualisme évolutif et transcendant. On peut formuler comme il suit les principes essentiels de la doctrine ésotérique : – L'esprit est la seule réalité. La matière n'est que son expression inférieure, changeante, éphémère son dynamisme dans l'espace et le temps. – La création est éternelle et continue comme la vie. – Le microcosme-homme est par sa constitution ternaire : (esprit, âme et corps) l'image et le miroir du macrocosme-univers (monde divin, humain et naturel), qui est lui-même l'organe du Dieu ineffable, de l'Esprit absolu, lequel est par sa nature : Père, Mère et Fils (essence, substance et vie). – Voilà pourquoi l'homme, image de Dieu, peut devenir son verbe vivant. La gnose ou la mystique rationnelle de tous les temps est l'art de trouver Dieu en soi en développant les profondeurs occultes, les facultés latentes de la conscience. – L'âme humaine, l'individualité est immortelle par essence. Son développement a lieu sur un plan tour à tour descendant et ascendant, par des existences alternativement spirituelles et corporelles. – La réincarnation est la loi de son évolution. Parvenue à sa perfection, elle y échappe et retourne à l'Esprit pur, à Dieu dans la plénitude de sa conscience. De même que l'âme s'élève au-dessus de la loi du combat pour la vie lorsqu'elle prend conscience de son humanité, de même elle s'élève au-dessus de la loi de la réincarnation lorsqu'elle prend conscience de sa divinité.

Les perspectives qui s'ouvrent au seuil de la théosophie sont immenses, surtout lorsqu'on les compare à l'étroit et désolant horizon où le matérialisme enferme l'homme ou aux données enfantines et inacceptables de la théologie cléricale. En les apercevant pour la première fois on éprouve l'éblouissement, le frisson de l'infini. Les abîmes de l'inconscient s'ouvrent en nous-mêmes, nous montrent le gouffre d'où nous sortons, les hauteurs vertigineuses où nous aspirons. Ravis de cette immensité, mais épouvantés du voyage, nous demandons à ne plus être, nous faisons appel au Nirvana ! Puis, nous nous apercevons que cette faiblesse n'est que la lassitude du marin prêt à lâcher la rame au milieu de la bourrasque. Quelqu'un a dit : l'homme est né dans un creux de vague et ne sait rien du vaste océan qui s'étend en arrière et en avant. Cela est vrai ; mais la mystique transcendante pousse notre barque sur la crête d'une lame, et là, toujours battus par la furie de la tempête, nous saisissons son rythme grandiose ; et l'œil, mesurant la voûte du ciel, se repose dans le calme de l'azur.

La surprise augmente, si, revenant aux sciences modernes, on constate que depuis Bacon et Descartes, elles tendent involontairement, mais d'autant plus sûrement, à revenir aux données de l'ancienne théosophie. Sans abandonner l'hypothèse des atomes, la physique moderne en est arrivée insensiblement à identifier l'idée de matière avec l'idée de force, ce qui est un pas vers le dynamisme spiritualiste. Pour expliquer la lumière, le magnétisme, l'électricité, les savants ont dû admettre une matière subtile et absolument impondérable, remplissant l'espace et pénétrant tous les corps, matière qu'ils ont appelée éther, ce qui est un pas vers l'antique idée théosophique de l'âme du monde. Quant à l'impressionnabilité, à l'intelligente docilité de cette matière, elle ressort d'une récente expérience qui prouve la transmission du son par la lumière[2]. – De toutes les sciences, celles qui semblent avoir le plus compromis le spiritualisme, sont la zoologie comparée et l'anthropologie. En réalité, elles l'auront servi, en montrant la loi et le mode d'intervention du monde intelligible dans

---

[2] Expérience de Bell. – On fait tomber un rayon de lumière sur une plaque de sélénium, qui le renvoie à distance sur une autre plaque du même métal. Celle-ci communique avec une pile galvanique à laquelle s'adapte un téléphone. Les paroles prononcées derrière la première plaque s'entendent distinctement dans le téléphone qui fait suite à la seconde plaque. Le de lumière a donc servi de fil téléphonique. – Les ondes sonores se sont transformées en ondes lumineuses, celles-ci en des galvaniques et celles-ci sont redevenues ondes sonores.

le monde animal, Darwin a mis fin à l'idée enfantine de la création selon la théologie primaire. Sous ce rapport, il n'a fait que revenir aux idées de l'ancienne théosophie. Pythagore déjà avait dit: «l'homme est parent de l'animal». Darwin a montré les lois auxquelles obéit la nature pour exécuter le plan divin, lois instrumentaires qui sont: le combat pour la vie, l'hérédité et la sélection naturelle. Il a prouvé la variabilité des espèces, il en a réduit le nombre, il en a établi l'étiage. Mais ses disciples, les théoriciens du transformisme absolu qui, non contents de faire sortir toutes les espèces d'un seul prototype, font dépendre leur apparition des seules influences des milieux, ont forcé les faits en faveur d'une conception purement externe et matérialiste de la nature. Non, les milieux n'expliquent pas les espèces, pas plus que les lois physiques n'expliquent les lois chimiques, pas plus que la chimie n'explique le principe évolutif du végétal, ni celui-ci le principe évolutif des animaux. Quant aux grandes familles d'animaux, elles correspondent aux types éternels de la vie, signatures de l'Esprit, qui marquent l'échelle de la conscience. L'apparition des mammifères après les reptiles et les oiseaux n'a pas sa raison d'être dans un changement du milieu terrestre; celui-ci n'en est que la condition. Elle suppose une embryogénie nouvelle; par conséquent une nouvelle force intellectuelle et animique agissant par le dedans et le fond de la nature, que nous appelons l'au-delà relativement à la perception des sens. Sans cette force intellectuelle et animique on n'expliquerait pas même l'apparition d'une cellule organisée dans le monde inorganique. Enfin l'Homme qui résume et couronne la série des êtres, révèle toute la pensée divine par l'harmonie des organes et la perfection de la forme, effigie vivante de l'Ame universelle, de l'Intelligence active. Condensant toutes les lois de l'évolution et toute la nature de son corps, il la domine et s'élève au-dessus d'elle, pour entrer par la conscience et par la liberté dans le royaume infini de l'Esprit.

La psychologie expérimentale appuyée sur la physiologie, qui tend depuis le commencement du siècle à redevenir une science, a conduit les savants contemporains jusqu'au seuil d'un autre monde, le monde propre de l'âme, où, sans que les analogies cessent, règnent des lois nouvelles. J'entends parler des études et des contestations médicales de ce siècle sur le magnétisme animal, sur le somnambulisme et sur tous les états de l'âme différents de la veille, depuis le sommeil lucide à travers la double vue jusqu'à l'extase. La science moderne n'a fait encore que tâtonner dans ce domaine, où la science des temples antiques avait su s'orienter, parce qu'elle en possédait les principes et les clefs nécessaires. Il n'en est pas moins vrai qu'elle y a découvert tout un ordre de faits qui lui ont paru étonnants, merveilleux, inexplicables, parce qu'ils contredisent nettement les théories matérialistes sous l'empire desquelles elle a pris l'habitude de penser et d'expérimenter. Rien n'est plus instructif que l'incrédulité indignée de certains savants matérialistes devant tous les phénomènes qui tendent à prouver l'existence d'un monde invisible et spirituel. Aujourd'hui, quelqu'un qui s'avise de prouver l'âme scandalise l'orthodoxie de l'athéisme, autant qu'on scandalisait autrefois l'orthodoxie de l'Église en niant Dieu. On ne risque plus sa vie, il est vrai, mais on risque sa réputation. – Quoi qu'il en soit, ce qui ressort du plus simple phénomène de suggestion mentale à distance et par la pensée pure, phénomène constaté mille fois dans les annales du magnétisme[3], c'est un mode d'action de l'esprit et de la volonté en dehors des lois physiques et du monde visible. La porte de l'invisible est donc ouverte. – Dans les hauts phénomènes du somnambulisme, ce monde s'ouvre tout à fait. Mais je m'arrête ici à ce qui est constaté par la science officielle.

Si nous passons de la psychologie expérimentale et objective à la psychologie intime et subjective de notre temps qui s'exprime en poésie, en musique et en littérature, nous trouvons qu'un immense souffle d'ésotérisme inconscient les traverse. Jamais l'aspiration à la vie spirituelle, au monde invisible, refoulée par les théories matérialistes des savants et par l'opinion mondaine, n'a été plus sérieuse et plus réelle. On retrouve cette aspiration dans les regrets, dans les doutes, dans les mélancolies noires et jusque dans les blasphèmes de nos romanciers naturalistes et de nos poètes décadents. Jamais l'âme humaine n'a eu un sentiment plus profond de l'insuffisance,

---

[3] Voir le beau livre de M. Ochorowitz sur la suggestion mentale.

de la misère, de l'irréel de sa vie présente, jamais elle n'a aspiré plus ardemment à l'invisible au-delà, sans parvenir à y croire. Quelquefois même son intuition arrive à formuler des vérités transcendantes qui ne font point partie du système admis par sa raison, qui contredisent ses opinions de surface et qui sont d'involontaires fulgurations de sa conscience occulte. J'en citerai pour preuve le passage d'un rare penseur qui a goûté toute l'amertume et toute la solitude morale de ce temps-ci. «Chaque sphère de l'être, dit Frédéric Amiel, tend à une sphère plus élevée et en a déjà des révélations et des pressentiments. L'idéal, sous toutes ses formes, est l'anticipation, la vision prophétique de cette existence supérieure à la sienne, à laquelle chaque être aspire toujours. Cette existence supérieure en dignité est plus inférieure par sa nature, c'est-à-dire plus spirituelle. Comme les volcans nous apportent les secrets de l'intérieur du globe, l'enthousiasme, l'extase sont des explosions passagères de ce monde intérieur de l'âme, et la vie humaine n'est que la préparation et l'avènement à cette vie spirituelle. Les degrés de l'initiation sont innombrables. Ainsi veille, disciple de la vie, chrysalide d'un ange, travaille à ton éclosion future, car l'Odyssée divine n'est qu'une série de métamorphoses de plus en plus éthérées, où chaque forme, résultat des précédentes, est la condition de celles qui suivent. La vie divine est une série de morts successives où l'esprit rejette ses imperfections et ses symboles et cède à l'attraction croissante du centre de gravitation ineffable, du soleil de l'intelligence et de l'amour.» Habituellement Amiel n'était qu'un hégélien très intelligent, doublé d'un moraliste supérieur. Le jour où il écrivit ces lignes inspirées, il fut profondément théosophe. Car on ne saurait exprimer d'une manière plus saisissante et plus lumineuse l'essence même de la vérité ésotérique.

Ces aperçus suffisent à démontrer que la science et l'esprit moderne se préparent sans le savoir et sans le vouloir à une reconstitution de l'antique théosophie avec des instruments plus précis et sur une base plus solide. Selon le mot de Lamartine, l'humanité est un tisserand qui travaille en arrière à la trame des temps. Un jour viendra, où passant de l'autre côté de la toile, elle contemplera le tableau magnifique et grandiose qu'elle aura tissé pendant des siècles de ses

propres mains, sans en voir autre chose que le pêle-mêle des fils en-
chevêtrés à l'envers. Ce jour-là elle saluera la Providence manifestée
en elle-même. Alors se confirmeront les paroles d'un écrit hermé-
tique contemporain, et elles ne sembleront pas trop audacieuses à
ceux qui ont pénétré assez profondément dans les traditions occultes
pour soupçonner leur merveilleuse unité : «La doctrine ésotérique
n'est pas seulement une science, une philosophie, une morale, une
religion. Elle est la science, la philosophie, la morale et la religion,
dont toutes les autres ne sont que des préparations ou des dégéné-
rescences, des expressions partielles ou faussées, selon qu'elles s'y
acheminent ou en dévient[4].»

Loin de moi la vaine pensée d'avoir donné de cette science des
sciences une démonstration complète. Il n'y faudrait pas moins que
l'édifice des sciences connues et inconnues, reconstituées dans leur
cadre hiérarchique et réorganisées dans l'esprit de l'ésotérisme. Tout
ce que j'espère avoir prouvé, c'est que la doctrine des Mystères est à la
source de notre civilisation ; qu'elle a créé les grandes religions aussi
bien aryennes que sémitiques ; que le christianisme y conduit le genre
humain tout entier par sa réserve ésotérique, et que la science moderne y tend providentiellement par l'ensemble de sa marche ; qu'enfin
ils doivent s'y rencontrer comme en un port de jonction et trouver là
leur synthèse.

On peut dire que partout où se trouve un fragment quelconque
de la doctrine ésotérique, elle existe virtuellement en son entier. Car
chacune de ses parties présuppose ou engendre les autres. Les grands
sages, les vrais prophètes l'ont tous possédée, et ceux de l'avenir la
posséderont comme ceux du passé. La lumière peut être plus ou
moins intense, mais c'est toujours la même lumière. La forme, les
détails, les applications peuvent varier à l'infini ; le fond, c'est-à-dire
les principes et la fin, jamais. – On n'en trouvera pas moins dans ce
livre une sorte de développement graduel, de révélation successive de
la doctrine en ses diverses parties, et cela à travers les grands initiés,

---

[4] *The perfect way of finding Christ*, par Anna Kingsford et Maitland. Londres,
1882.

dont chacun représente une des grandes religions qui ont contribué à la constitution de l'humanité actuelle, et dont la suite marque la ligne d'évolution décrite par elle dans le présent cycle, depuis l'Égypte ancienne et les premiers temps aryens. On la verra donc sortir non d'une exposition abstraite et scolastique, mais de l'âme en fusion de ces grands inspirés et de l'action vivante de l'histoire.

Dans cette série, Rama ne fait voir que les abords du temple. Krishna et Hermès en donnent la clef. Moïse, Orphée et Pythagore en montrent l'intérieur. Jésus-Christ en représente le sanctuaire.

Ce livre est sorti tout entier d'une soif ardente de la vérité supérieure, totale, éternelle, sans laquelle les vérités partielles ne sont qu'un leurre. Ceux-là me comprendront, qui ont comme moi la conscience que le moment présent de l'histoire, avec ses richesses matérielles, n'est qu'un triste désert au point de vue de l'âme et de ses immortelles aspirations. L'heure est des plus graves et les conséquences extrêmes de l'agnosticisme commencent à se faire sentir par la désorganisation sociale. Il s'agit pour notre France comme pour l'Europe d'être ou de n'être pas. Il s'agit d'asseoir sur leurs bases indestructibles des vérités centrales, organiques ou de verser définitivement dans l'abîme du matérialisme et de l'anarchie.

La Science et la Religion, ces gardiennes de la civilisation, ont perdu l'une et l'autre leur don suprême, leur magie, celle de la grande et forte éducation. Les temples de l'Inde et de l'Égypte ont produit les plus grands sages de la terre. Les temples grecs ont moulé des héros et des poètes. Les apôtres du Christ ont été des martyrs sublimes et en ont enfanté par milliers. L'Église du moyen âge, malgré sa théologie primaire, a fait des saints et des chevaliers, parce qu'elle croyait et que, par secousses, l'esprit du Christ tressaillait en elle. Aujourd'hui, ni l'Église emprisonnée dans son dogme, ni la Science enfermée dans la matière ne savent plus faire des hommes complets. L'art de créer et de former les âmes s'est perdu et ne sera retrouvé que lorsque la Science et la Religion, refondues en une force vivante, s'y appliqueront ensemble et d'un commun accord pour le bien et le salut de l'humanité. Pour cela, la Science n'aurait pas à changer de méthode, mais à étendre son domaine, ni le christianisme de tradition, mais à en comprendre les origines, l'esprit et la portée.

Ce temps de régénération intellectuelle et de transformation sociale viendra, nous en sommes sûrs. Déjà des présages certains l'annoncent. Quand la Science saura, la Religion pourra, et l'Homme agira avec une énergie nouvelle. L'Art de la vie et tous les arts ne peuvent renaître que par leur entente.

Mais en attendant, que faire en cette fin de siècle, qui ressemble à la descente dans un gouffre, par un crépuscule menaçant, alors que son début avait paru la montée vers les libres sommets sous une brillante aurore? – La foi, a dit un grand docteur, est le courage de l'esprit qui s'élance en avant, sûr de trouver la vérité. Cette foi-là n'est pas l'ennemie de la raison, mais son flambeau; c'est celle de Christophe Colomb et de Galilée, qui veut la preuve et la contre-épreuve, provando e riprovando, et c'est la seule possible aujourd'hui.

Pour ceux qui l'ont irrévocablement perdue, et ils sont nombreux – car l'exemple est venu de haut, la route est facile et toute tracée : – suivre le courant du jour, subir son siècle au lieu de lutter contre lui, se résigner au doute ou à la négation, se consoler de toutes les misères humaines et des prochains cataclysmes par un sourire de dédain, et recouvrir le profond néant des choses – auquel seul on croit – d'un voile brillant qu'on décore du beau nom d'idéal – tout en pensant que ce n'est qu'une chimère utile.

Quant à nous, pauvres enfants perdus, qui croyons que l'Idéal est la seule Réalité et la seule Vérité au milieu d'un monde changeant et fugitif, qui croyons à la sanction et à l'accomplissement de ses promesses, dans l'histoire de l'humanité comme dans la vie future, qui savons que cette sanction est nécessaire, qu'elle est la récompense de la fraternité humaine, comme la raison de l'univers et la logique de Dieu pour nous, qui avons cette conviction, il n'y a qu'un seul parti à prendre : affirmons cette Vérité sans crainte et aussi haut que possible ; jetons-nous pour elle et avec elle dans l'arène de l'action, et par-dessus cette mêlée confuse, essayons de pénétrer par la méditation et l'initiation individuelle dans le Temple des Idées immuables, pour nous armer là des Principes infrangibles.

C'est ce que j'ai tenté de faire dans ce livre[5], espérant que d'autres me suivront et le feront mieux que moi.

---

[5] *Les grands initiés*, préface de l'édition corrigée de 1926.

Table des matières

LA CONFESSION PHILOSOPHIQUE

INTRODUCTION SUR LA DOCTRINE ÉSOTÉRIQUE